Quart Verlag Luzern Anthologie 39

Beer Merz

T0287816

Beer Merz
39. Band der Reihe Anthologie

Herausgeber: Heinz Wirz, Luzern
Konzept: Heinz Wirz; Beer Merz, Basel
Projektleitung: Quart Verlag, Linus Wirz
Textlektorat: Miriam Seifert-Waibel, Hamburg
Fotos: Mark Niedermann, Riehen
Visualisierungen: Beer Merz
Grafische Umsetzung: Quart Verlag
Lithos: Printeria, Luzern
Druck: DZA Druckerei zu Altenburg GmbH

English translation available at:
www.quart.ch

Quart Verlag GmbH
Denkmalstrasse 2, CH-6006 Luzern
www.quart.ch

Anthologie 39 – Notat
Heinz Wirz

Es liegt in der Natur des Architektenberufs, dass die Erstlingswerke
junger Architekten meist kleinere übersichtliche Bauaufgaben sind. Sie
sind eine Art Fingerübungen, mit denen die Architekten das Erlernte
anwenden und ihr architektonisches Sensorium erproben und entfalten
können. Die Begabung und die Leidenschaft für das Metier lässt sich
dabei – wie bei Anja Beer und David Merz – früh in voller Deutlichkeit
und Frische erkennen.

Ein Doppelkindergarten, ein kleineres Wohnheim, ein Gartenpavillon
und etliche Umbauten von Wohnhäusern konnten die zwei Architekten
in den ersten sieben Jahren realisieren. Die Umbauten folgen dem Gebot
des Respekts und der Integration. Beim kleinen Stadthaus in Basel etwa
verbanden die Architekten je zwei Wohnungen durch präzise gesetzte
interne Treppen. Die bestehenden Räume wurden sorgsam und authen-
tisch erhalten. Die neu ausgebildeten Zonen hingegen sind in erlesenen
zeitgemässen Materialien gestaltet, sodass sich Alt und Neu in Material,
Detaillierung und Farben unterscheiden und dennoch sorgfältig inein-
ander verwoben sind. Skulpturale neue Elemente wie die T-förmige
Stützen-Träger-Konstruktion im Erdgeschoss oder die trapezförmigen
neuen Lukarnen bereichern das Gebäude architektonisch.

Der jüngst fertig gestellte Doppelkindergarten in Sulgen zeigt eine andere
architektonische Herangehensweise. Unter einem weit ausladenden
Satteldach sind die zwei Haupträume bis unter die Dachfläche hochge-
zogen, was sie leicht und feierlich erscheinen lässt. Eine ähnliche Raumwirkung erlangt der zentrale Verbindungsraum, indem dieser im oberen
Teil konisch verjüngt ist. Über ein grosses Oberlicht strömt Tageslicht
in den Raum, was diesem eine ganz besondere, geheimnisvolle Stimmung
verleiht. Der kleine Raum demonstriert schlechthin, was Architektur
auch zu leisten vermag.

Luzern, im Juli 2017

Umbau und Aufstockung Mehrfamilienhaus, Basel
Projektierung 2015; Ausführung 2016

Das kleine Mehrfamilienhaus (Baujahr 1879) liegt an einer verkehrsbe-
ruhigten Strasse unmittelbar neben dem historischen Zentrum Basels.
Obwohl das Gebäude nicht denkmalgeschützt ist, wurden die vorhan-
dene Struktur und seine Erscheinung im Strassenzug als erhaltenswert
betrachtet. Die Erweiterung um ein zusätzliches Wohngeschoss sollte
dieser Haltung entsprechen.

Dem Knick des Mansardendachs folgend, gliedern sich drei schwach
geneigte Schleppgauben in das Fassadenbild ein. Hofseitig wurde das
Haus bereits beim letzten Umbau 1946 durch einen Anbau im Erdgeschoss ergänzt. Die durch die gestaffelten Terrassen geprägte Garten-
fassade wurde nun um eine Attika erweitert, welche sich entsprechend
zurückhaltend in das Fassadenbild einfügt.

Durch den sorgfältigen Umbau entstanden im Innern zwei Wohnungen,
in denen die strassenseitig liegenden Zimmer in ihrer ursprünglichen
Materialisierung erhalten geblieben sind. In den umgebauten Zonen im
Erdgeschoss und dem neuen Dachgeschoss wurden zwei grosszügige
Wohn-, Koch- und Essbereiche eingerichtet, die – einem zeitgemässen
Umgang mit Raum und Material entsprechend – den Bestand auf eine
eigenständige und deutlich ablesbare Art ergänzen.

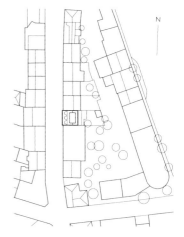

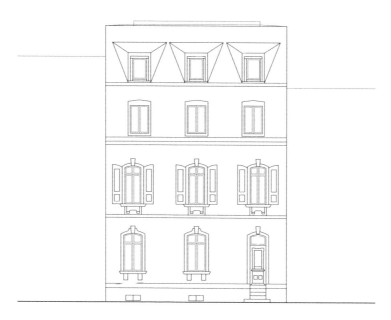

5 m

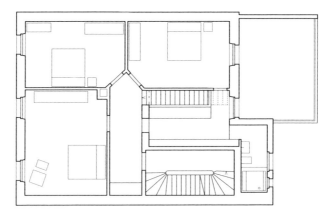

1. Obergeschoss

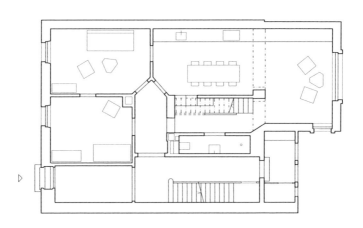

Erdgeschoss

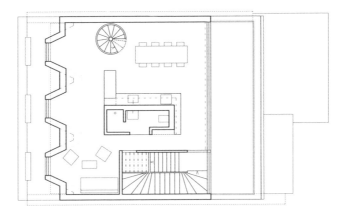

3. Obergeschoss

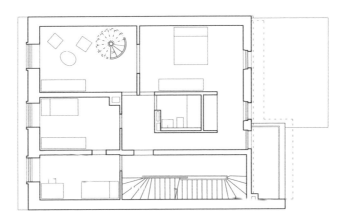

2. Obergeschoss

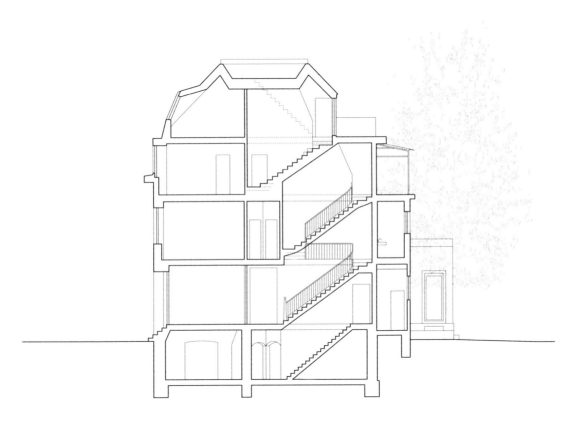

Beer Merz

Quart Publishers **Anthologie 39**

Anthologie 39 – Notat
Heinz Wirz

It is in the nature of the architectural profession that the first works by young architects are often smaller, manageable building tasks. They are like five-finger exercises
with which the architects apply what they have learned, testing and developing their
architectural senses. Early on, their talent and passion for the profession is evident
in all of its clarity and freshness – as is the case with Anja Beer and David Merz.
The two architects have produced a double kindergarten, a small residential home,
a garden pavilion and countless housing conversions in the first seven years of their
careers. The conversions follow the mandate of respect and integration. In the case
of the small townhouse in Basel for instance, the architects connect two apartments
through precisely placed internal stairs. The existing rooms were preserved with
care and authenticity. By contrast, the newly formed zones are designed in fine,
contemporary materials, allowing old and new aspects to contrast and also carefully
interweave with each other with respect to materials, details and colours. Sculptural,
new elements such as the T-shaped structure of supports and girders on the ground
floor, or the trapeze-shaped new dormers enhance the building architecturally.
The recently completed double kindergarten in Sulgen reveals a different architectural approach. Beneath a broadly expansive saddle roof, the two main rooms
rise all the way up to the roof area, giving them a light and festive character. A
similar spatial effect is achieved by the central connecting room through its conical
narrowing in the upper section. Daylight shines in through a large skylight, giving
it a very special, mysterious atmosphere. The small room plainly demonstrates what
architecture is able to achieve.

Lucerne, July 2017

Double kindergarten, Sulgen
Competition in 2015, 1st prize; constructed 2016/2017

The defining aspect of the overall concept in the competition was to provide more space while respecting the already existent structures. Despite the considerable spatial requirements, the additional buildings were to be integrated into the existing facility in as reserved a way as possible, which was achieved for the double kindergarten using a single-storey building. It does not undermine the importance of the historical school building, which had been erected on a hill in the village centre.
The different measures clarify the entire school facility in its spatial and functional order, while preserving the copper beech, which is over a century old and serves as a central point of orientation.
The double kindergarten is conceived as a single-floor pavilion building. The middle zone, with its central skylight, is accessed from the two cloakrooms and connects the main rooms, while providing additional space for events if required.
The two main rooms beneath the saddle roof extend across the entire breadth of the building, thereby achieving a specifically "house-like" character. All decisions concerning the materials were taken simply and directly: wood for construction, varnished wooden composite boards for the interior furniture, and tiles in the toilets. This makes the kindergarten accessible and tangible for its young users in a very simple, intuitive way.

Klosterfiechten residential home, Basel
Competition in 2013, 1st prize; constructed 2015–2017
Collaboration with Stump & Schibli Architekten, Basel

Embedded into the countryside and yet not far from the city, the Klosterfiechten residential home provides ideal conditions for caring for people with autism and challenging behaviour. The placement of the building volume follows the contours of the topography and is embedded into the terrain and its existing vegetation. The demanding use of the building is above all legible in the floor plan organisation: the residents, who react very sensitively to external influences, have access to both residential groups via separate entrances on the basement floor. By contrast, the carers require short, direct routes; the main access path connects all four residential areas, the official rooms and service rooms. Since the groups of residents also spend time outside while remaining separate from each other, the exterior spaces are situated directly in front of the respective residential areas on the four sides of the building, without any direct visual references to each other. Despite the high demands with respect to general safety and the robust properties of the materials, a cosy building was required that allows its residents to feel at home.

Modernisation of BVD real estate at Münsterplatz, Basel
Competition in 2014, 1ˢᵗ prize; construction 2015–2018

The preservation-listed real estate complex of the Basel city building authority at Münsterplatz is being entirely modernised and adapted to today's requirements in terms of fire safety, barrier-freedom, sanitary facilities, multimedia cabling and personal safety, while taking the historical significance of the building into account. Those overriding themes are supplemented by targeted modernisation measures such as a cafeteria, an elevator, a reception area, a meeting room and redesigned individual offices. The many measures are brought together through a general colour and materialisation concept designed to homogenise the overall appearance of the buildings, which had only been individually renovated over a period of many years. Wherever possible, the existing materials are retained and renewed. A number of installations are being dismantled and new elements with reserved forms and materials will be integrated into the existing structures.

Conversion of an owner-occupied apartment, Basel
Project in 2012; construction 2012/13

The apartment building built in 1880 had been converted and renovated several times over the years. That situation led to the decision to carry out substantial structural measures and create a new, open sequence of rooms on the ground floor. Supported by tailored carpentry work designed to highlight the horizon, the original rooms are legible, allowing natural light to reach the entire depth of the apartment through the large, new window towards the garden. The already existent, high-quality materials were supplemented with those elements and enhanced by a colour scheme that was designed for spatial effect. On the upper floor, the spacious bedrooms received new bathrooms. The three rooms on the street side were connected in a spatial sequence designed as an enfilade.

Conversion of a residential building, Augst
Project in 2013; construction in 2014

The renovation and extension of a semidetached house built in 1940 for employees of the Augst power station was orientated towards the requirements of its new residents. Despite the considerable measures, the original character of the small house is still tangible. A large bathroom and a playroom were installed in the annexe, which had previously been used as a laundry and storage facility, without any major changes to the façade proportions. Despite being scaled in sized, the windows retained their original geometric form. A new platform spans the converted section and the main building, giving the residents a view of their garden from a slightly raised level.

Conversion and heightening of an apartment building, Basel
Project in 2015; construction in 2016

The small apartment building (built in 1880) is situated on a pedestrianised street directly beside the historical centre of Basel. Although the building is not preservation-listed, the existing structure and its appearance in the street was considered worth preserving. The extension to add one floor had to conform to that approach. Following the fold of the mansard roof, three gently sloping shed dormers are inserted into the façade. On the courtyard side, the house had already been extended on the ground floor during the last conversion measure in 1946. The garden façade, which is characterised by staggered terraces, was extended with a loft that is also inserted with only modest changes to the façade appearance.
Inside the building, its careful conversion created two apartments in which the street-side rooms have retained their original materials. In the converted zones on the ground floor and the new loft, two spacious living, kitchen and dining areas were established that – in accordance with contemporary handling of space and materials – complement the existing structures in an autonomous and clearly legible way.

Lakeside garden house, Boniswil
Project in 2013; construction in 2014

The project was inspired by the desire to be able to enjoy a large fire in the garden with an unobstructed view of the lakeshore. The sun patio at the front, the herb garden, the large erratic boulders, the sun deck on the roof and a canopy over the reed-covered slope are the result of intensive collaboration with the residents. From the residential building, a gravel path leads through the herb garden and berry orchard to the small building at the furthest boundary of the property. The light wooden roof resting on two V-shaped supports covers the concrete platform, allowing one to take a seat in front of the large fireplace, protected from the rain, snow and sun.

Quart Publishers Ltd.
Denkmalstrasse 2, CH-6006 Lucerne
www.quart.ch

Doppelkindergarten, Sulgen
Wettbewerb 2015, 1. Rang; Ausführung 2016–2017

Ausschlaggebend für das Konzept zur Erweiterung der Schulanlage Oberdorf war, den Ausbau des Raumangebots unter Berücksichtigung der bereits vorhandenen Strukturen vorzunehmen. Trotz dem erheblichen Raumbedarf von vier Klassenzimmern und zwei Kindergärten sollen sich die zusätzlichen Baukörper so zurückhaltend wie möglich in die Anlage eingliedern, was im Falle des Doppelkindergartens in Form eines eingeschossigen Körpers erfolgt. Die Bedeutung des historischen Schulhauses, das seinerzeit inmitten des Dorfes auf einer Anhöhe errichtet wurde, wird dadurch nicht geschmälert.

Mit den diversen Eingriffen wird die gesamte Schulanlage in ihrer räumlichen und funktionalen Ordnung geklärt und die über 100 Jahre alte Purpurbuche kann als zentraler Orientierungspunkt im Dorf erhalten bleiben.

Der Doppelkindergarten ist als eingeschossiger, pavillonartiger Baukörper konzipiert. Die über die beiden Garderoben zugängliche Mittelzone mit zentralem Oberlicht verbindet die Haupträume und kann als zusätzlicher Raum für Anlässe genutzt werden.

Die beiden Haupträume dehnen sich unter dem Satteldach über die gesamte Gebäudebreite aus und erzeugen dadurch einen spezifischen «hausartigen» Charakter. Sämtliche Materialentscheide erfolgten einfach und direkt: Holz für die Konstruktion, gestrichene Holzwerkstoffplatten für die Möblierung im Innern, Kacheln in den Toiletten. Dies macht den Kindergarten für seine jungen Nutzer auf eine einfache, intuitive Art zugänglich und erlebbar.

5 m

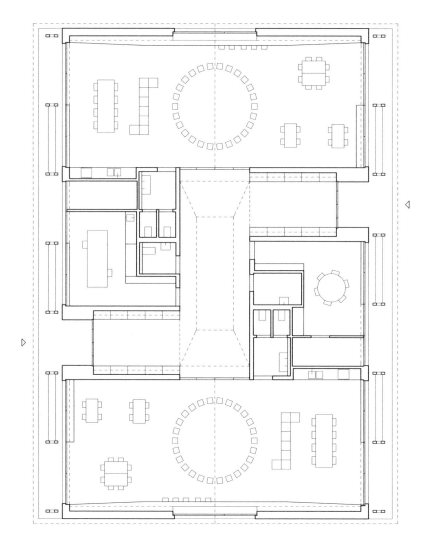

Erdgeschoss

Wohnheim Klosterfiechten, Basel
Wettbewerb 2013, 1. Rang; Ausführung 2015–2017
Arbeitsgemeinschaft mit Stump & Schibli Architekten, Basel

Eingebettet in die Natur und doch in geringer Entfernung zur Stadt, bietet das Wohnheim Klosterfiechten ideale Voraussetzungen für die Betreuung von Menschen mit Autismus und herausfordernden Verhaltensweisen. Die Setzung des Gebäudekörpers folgt der Topografie und fügt sich in die bestehende Geländesituation mit dem vorhandenen Pflanzenbestand ein.

Die anspruchsvolle Nutzung des Gebäudes ist vor allem an der Grundrissorganisation ablesbar: Die auf äussere Einflüsse sehr empfindlich reagierenden Bewohner können die beiden Wohngruppen über getrennte Zugänge im Sockelgeschoss erreichen. Für die Betreuer hingegen sind kurze und direkte Wege notwendig; die Haupterschliessung verbindet alle vier Wohnbereiche, die Dienstzimmer und die Serviceräume miteinander.

Da sich die Bewohnergruppen auch draussen getrennt von einander aufhalten, liegen die Aussenräume ohne Sichtbezug zueinander direkt vor den jeweiligen Wohnbereichen auf den vier Seiten des Gebäudes. Trotz der hohen Anforderungen an die generelle Sicherheit und an die Robustheit der Materialien sollte ein wohnliches Gebäude entstehen, in dem sich die Bewohner zuhause fühlen können.

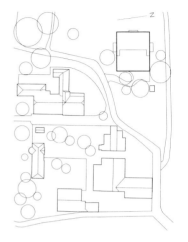

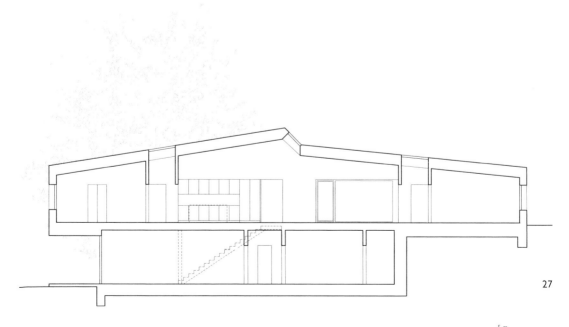

27

5 m

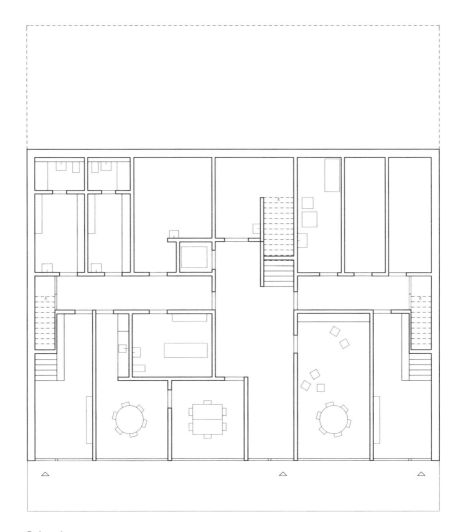

Erdgeschoss

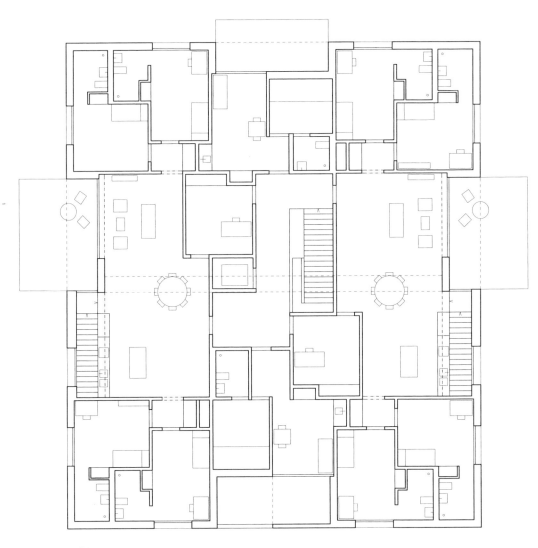

1. Obergeschoss

Sanierung Liegenschaften BVD Münsterplatz, Basel
Ausschreibung 2014, 1. Rang; Ausführung 2015–2018

Der denkmalgeschützte Liegenschaftskomplex des Hochbauamtes
Basel-Stadt am Münsterplatz wird gesamthaft saniert und unter Be-
rücksichtigung der historischen Bedeutung des Bauwerks den heutigen
Anforderungen an Brandschutz, Hindernisfreiheit, sanitäre Einrichtun-
gen, Multimediaverkabelungen sowie Personensicherheit angepasst.
Ergänzt werden diese übergeordneten Themen mit gezielten Erneue-
rungen von Cafeteria, Personenaufzug, Empfangsbereich, Sitzungszim-
mer sowie der Umgestaltung einzelner Arbeitsräume.
Diese Vielzahl an Eingriffen wird durch ein übergeordnetes Farb- und
Materialisierungskonzept getragen, welches das über viele Jahre nur
punktuell sanierte Gebäude in seiner Gesamterscheinung wieder ho-
mogenisieren soll. Die vorhandenen Materialien werden, wo möglich,
erhalten und aufgefrischt, verschiedene Einbauten werden zurück-
gebaut und neue Bauteile fügen sich in Form und Materialisierung
zurückhaltend in den Bestand ein.

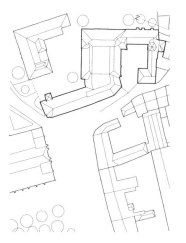

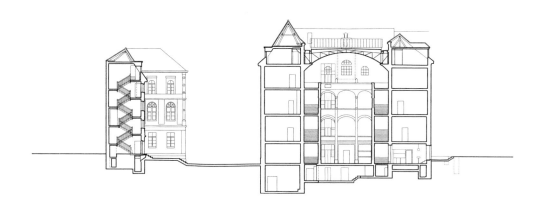

10 m

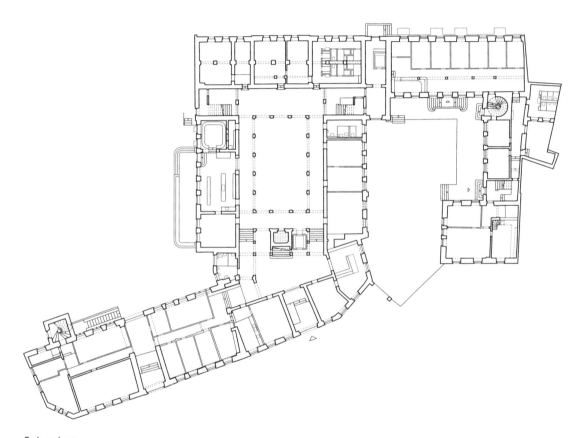

Erdgeschoss

Umbau Eigentumswohnung, Basel
Projektierung 2012; Ausführung 2012–2013

Das 1880 erbaute Mehrfamilienhaus wurde im Laufe der Zeit verschiedene Male umgebaut und renoviert. Dieser Umstand wurde zum Anlass genommen, substanziell in die Struktur einzugreifen und im Erdgeschoss eine neue, offene Raumsequenz zu schaffen.

Unterstützt durch eine horizontbildende, massgefertigte Schreinerarbeit sind die ursprünglichen Räume ablesbar und natürliches Licht kann über das neue grosse Fenster zum Garten hin in die gesamte Wohnungstiefe einfallen.

Die bereits vorhandenen hochwertigen Materialien wurden durch ebensolche ergänzt und durch die auf die Raumwirkung abgestimmte Farbgebung unterstützt. Im Obergeschoss erhielten die grosszügigen Schlafräume neue Badezimmer. Die drei strassenseitig liegenden Räume wurden in einer als Enfilade ausgebildeten Raumabfolge miteinander verbunden.

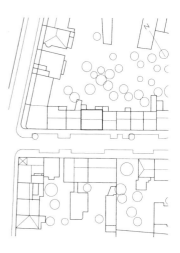

5 m

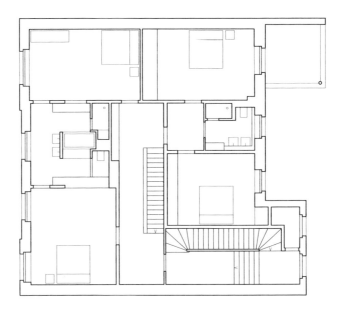

1. Obergeschoss

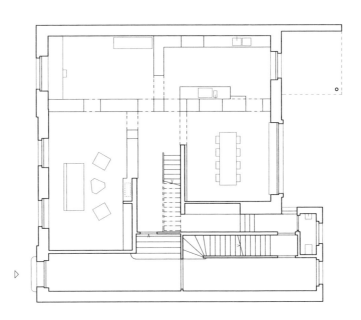

Erdgeschoss

Umbau Wohnhaus, Augst
Projektierung 2013; Ausführung 2014

Die Erneuerung und Erweiterung eines Doppelhauses, das um 1940 für die Arbeiter des Elektrizitätskraftwerkes Augst gebaut worden war, orientierte sich an den Bedürfnissen der neuen Bewohner. Trotz der grossen Eingriffe, die für die komplette Sanierung notwendig waren, ist der ursprüngliche Charakter des kleinen Hauses immer noch spürbar.
In den bisher als Waschküche und Speicher genutzten Annexbau wurden eine Küche, ein grosszügiges Bad und ein Spielzimmer eingebaut, ohne die Proportionen der Fassade im Wesentlichen zu verändern. Die Fenster besitzen, obwohl in der Grösse skaliert, immer noch ihre geometrische Ursprungsform.
Eine neue Plattform umspannt den umgebauten Gebäudeteil und das Haupthaus und bietet den Bewohnern, leicht erhöht, Ausblick auf ihren Garten.

5 m

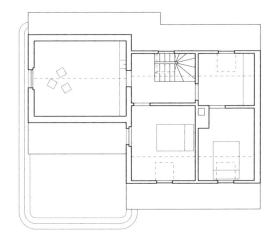

1. Obergeschoss

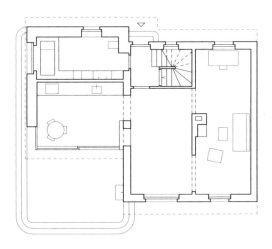

Erdgeschoss

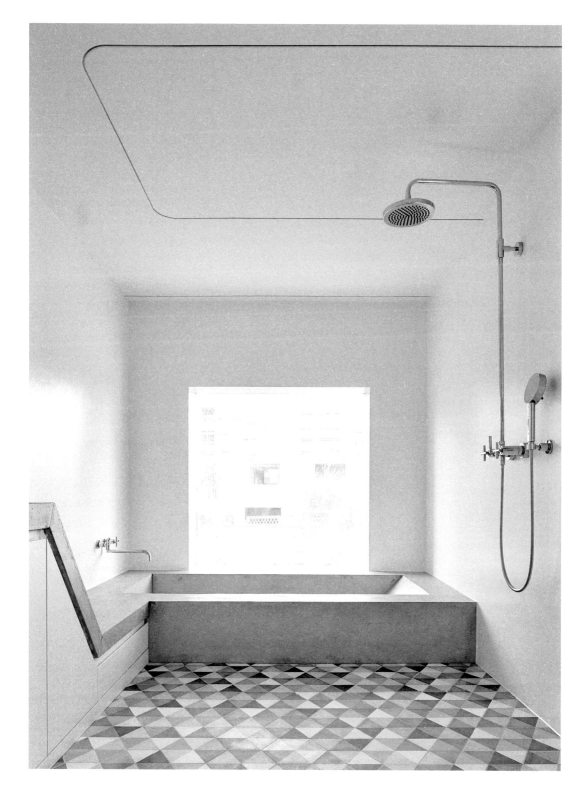

Gartenhäuschen am See, Boniswil
Projektierung 2013; Ausführung 2014

Der Wunsch, im Garten ein grosses Feuer machen zu können und einen ungehinderten Blick auf das Seeufer zu haben, stand am Anfang dieses Projekts. Die vorgelagerte Sonnenplattform, der Kräutergarten, die grossen Findlinge, das Sonnendeck auf dem Dach und eine Auskragung über die schilfbestandene Böschung sind das Ergebnis einer intensiven Zusammenarbeit mit den Bewohnern.
Vom Wohnhaus führt ein Kiesweglein durch den Kräuter- und Beeren-garten zu dem kleinen Gebäude am äussersten Rand des Grundstücks. Das leichte, von zwei v-förmig angeordneten Stützen getragene Holz-dach übergedeckt die Betonplattform und man kann, vor Regen, Schnee und Sonne geschützt, vor dem grossen Kamin Platz nehmen.

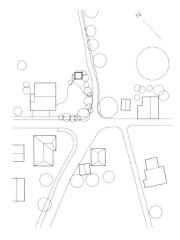

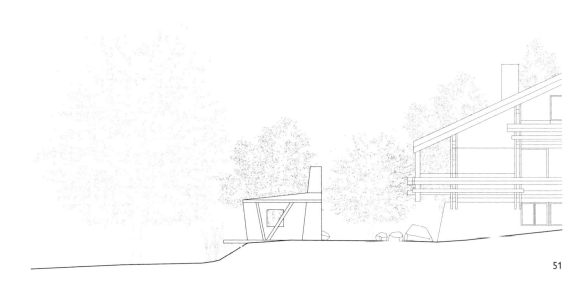

5 m

Werkverzeichnis
Auswahl Bauten, Studien und Wettbewerbe

2008	Atelier für Künstler, Beinwil am See
2010	Neubau einer Zahnarztpraxis, Rheinfelden
	Wettbewerb Strandbad Mythenquai, Zürich
	Wettbewerb Erweiterungsbau Forensik UPK, Basel; 4. Rang
2011	Sanierung Eigentumswohnung, Basel

2011   Sanierung Eigentumswohnung, Basel
          1   Wettbewerb Primarschulhaus Allschwil; engere Wahl
                Wettbewerb Universitärer Erweiterungsbau, Zürich
          2   Wettbewerb Erweiterung Primarschulhaus Köniz; 6. Rang
                Sanierung Einfamilienhaus, Binningen
          3   Restaurant Buffet im Bahnhof St. Johann, Basel
                (Arbeitsgemeinschaft mit panterapantera, Basel)

2012   Umbau und Sanierung Reiheneinfamilienhaus, Basel
                Ausschreibung Umbau Stadtbibliothek GGG, Basel
                Wettbewerb Primarschule, Igis
2013   Sanierung Reiheneinfamilienhaus, Basel
                Wettbewerb Wohnen an der Maiengasse, Basel
                Sanierung Einfamilienhaus, Basel

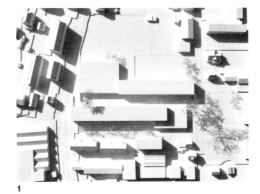

1

2

3

4

2017	Anbau und Sanierung Einfamilienhaus, Kilchberg
	Neubau Wohnheim Klosterfiechten (mit Stump & Schibli Architekten), Wettbewerb 2013; 1. Rang
	Neubau Doppelkindergarten, Sulgen (Wettbewerb 2015; 1. Rang)
	Wettbewerb Ausbildungshalle, Magglingen
	Wettbewerb Primarschule, Binningen
	Wettbewerb Primarschule, Wabern

Aktuelle Projekte – Fertigstellung 2018:
Sanierung Liegenschaften Bau- und Verkehrsdepartement, Basel
(Ausschreibung 2014; 1. Rang)
Neubau Einfamilienhaus, Basel
Sanierung und Erweiterung Mehrfamilienhaus, Magden
7 Umnutzung der First Church of Christ Scientist von O. R. Salvisberg
zum neuen Probelokal des Sinfonieorchesters Basel

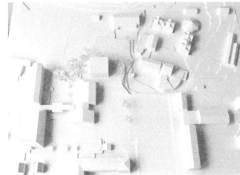

5

6

	Anja Beer
1979	geboren in Aarau
1995–1999	Hochbauzeichnerlehre in Beinwil
2000–2005	Architekturstudium an der Fachhochschule Nordwestschweiz
2003	Praktikum bei Christ & Gantenbein in Basel
2006	Diplom an der FHNW, Basel
2006–2009	Arbeit als Architektin bei Miller Maranta Architekten, Basel, und
	Bachelard Wagner Architekten, Basel
seit 2010	Beer Merz Architekten

	David Merz
1975	geboren in Basel
1997–2001	Architekturstudium an der Fachhochschule Nordwestschweiz und
	an der University of Edinburgh
2001	Diplom an der FHNW, Muttenz
2001–2009	Arbeit als Architekt und Projektleiter bei Stump & Schibli Architekten,
	sabarchitekten und Buchner Bründler Architekten, Basel
seit 2010	Beer Merz Architekten
2009–2012	Assistent an der FHNW, Institut Architektur
2010–2016	Unterricht für Baurealisation an der FHNW, Institut Architektur

| Mitarbeitende: | Lukas Ruggli, Paula del Valle, Stefanie Müggler, Theresa Sester, |
| | Dorota Ryzko, Natacha Batista |

Ehemalige:	Signe Veinberga, Martin Glen, Rebecca Rutishauser, Daniela Burki,
	Mireille Hohlbaum, Eike Hufnagl, Andrea Karrer, Catarina Sinde,
	Marc Messerli, Janele Suntinger, Rosa Schlindwein, Richa Mehta,
	Jonas Seiler, Michael Steigmeier, Laura Grüner, Selin Projer, Dano Gloor,
	Iara Praiola, Pascal Graber, Balazs Földvary, Kora Balmer

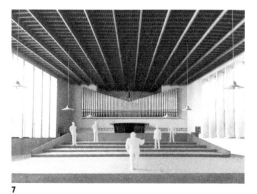

7

Finanzielle und ideelle Unterstützung
Ein besonderer Dank gilt den Institutionen und Sponsorfirmen, deren finanzielle Unterstützungen wesentlich zum Entstehen dieser Publikation beitragen. Ihr kulturelles Engagement ermöglicht ein fruchtbares Zusammenwirken von Baukultur, öffentlicher Hand, privater Förderung und Bauwirtschaft.

Dies gilt im Besonderen für: Jürg Merz, Christian Beer, Roland Hürzeler, Ernst Ritzi, Paul Graf und Mark Niedermann

Schweizerische Eidgenossenschaft
Confédération suisse
Confederazione Svizzera
Confederaziun svizra

Eidgenössisches Departement des Innern EDI
Bundesamt für Kultur BAK

ERNST GÖHNER STIFTUNG

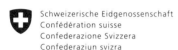

Bauingenieur Jürg Merz
Glarus und Maisprach

berrelmetallbau_ag
feldbergstrasse 99_4057 basel

Berrel Metallbau AG
Basel

C-b-c solutions

C-B-C Solutions, Cham

ETS+Partner GmbH

ETS+Partner GmbH, Basel

Gruner Gruneko AG
Basel

IMBACH
Das Malergeschäft

Hans Imbach AG, Riehen

helvetia
Daniel Theiler, Generalagent
Generalagentur Rheinfelden

Helvetia Versicherungen
Generalagentur
Rheinfelden

Hunziker
Schreinerei

Hunziker Schreinerei AG
Schöftland

HÜRZELER HOLZBAU AG

Hürzeler Holzbau AG
Magden

KNECHT

Knecht Bauunternehmung AG
Münchenstein

MAKIOL WIEDERKEHR
INGENIEURE HOLZBAU BRANDSCHUTZ

Makiol Wiederkehr AG
Beinwil am See

ROSENMUND
Sanitär I Heizung I Lüftung I Kälte

Rosenmund Haustechnik
AG, Basel

SCHNEIDER
Gartengestaltung AG
Oberwil

Schneider
Gartengestaltung AG
Oberwil

wmm
ingenieure

WMM Ingenieure AG
Münchenstein

SCHNEIDER
PRATTELN

Schreinerei Schneider AG
Pratteln

Quart Verlag Luzern

Anthologie – Werkberichte junger Architekten

*Extra sheet with translation in English (en),
French (fr) or Italian (it)

Quart Verlag GmbH, CH-6006 Luzern
books@quart.ch, www.quart.ch